BEI GRIN MACHT SICH IHR WISSEN BEZAHLT

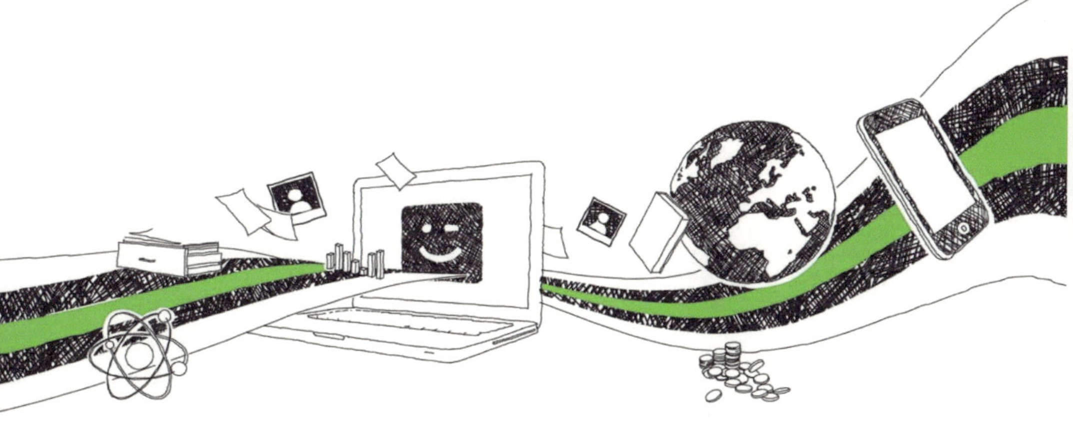

- Wir veröffentlichen Ihre Hausarbeit, Bachelor- und Masterarbeit

- Ihr eigenes eBook und Buch - weltweit in allen wichtigen Shops

- Verdienen Sie an jedem Verkauf

Jetzt bei www.GRIN.com hochladen und kostenlos publizieren

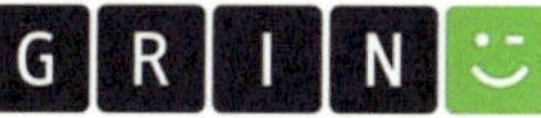

Christa Harlander

Giottos Himmelfahrt des Evangelisten Johannes

GRIN Verlag

Bibliografische Information der Deutschen Nationalbibliothek:

Die Deutsche Bibliothek verzeichnet diese Publikation in der Deutschen National-
bibliografie; detaillierte bibliografische Daten sind im Internet über http://dnb.d-
nb.de/ abrufbar.

Impressum:

Copyright © 2003 GRIN Verlag GmbH
Druck und Bindung: Books on Demand GmbH, Norderstedt Germany
ISBN: 978-3-656-52380-2

Dieses Buch bei GRIN:

http://www.grin.com/de/e-book/20322/giottos-himmelfahrt-des-evangelisten-
johannes

Giottos „Himmelfahrt des Evangelisten Johannes"

aus dem Bilderzyklus in der Peruzzi-Kapelle
der Kirche Santa Croce in Florenz

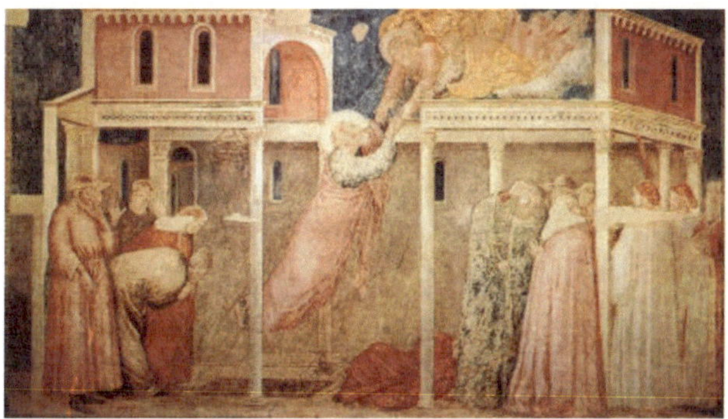

Referat vom 13.5.2003
Referentin: Christa Harlander

Die „Himmelfahrt des Evangelisten Johannes"
aus Giottos Bilderzyklus in der Peruzzi-Kapelle
der Kirche Santa Croce in Florenz

Die *Himmelfahrt des Evangelisten Johannes"* (Abb. siehe Deckblatt) gehört zu einem sechsteiligen Zyklus von Wandbildern in der Peruzzi-Kapelle der Frankziskanerkirche Santa Croce in Florenz. Während sich die Kunsthistoriker fast einhellig darüber einig sind, dass die Ausmalung ein Werk Giottos (1267?-1337)[1] ist, gibt es über die genaue Datierung unterschiedliche Ansichten. Borsook [2] nimmt zum Beispiel an, dass der Zyklus zwischen 1325 und 1330 entstanden ist, wohingegen Gosebruch[3] davon ausgeht, dass die Wandbilder nach 1317 und vor 1328 gemalt wurden. Schwarz[4] wiederum nennt das Jahr 1310 als frühesten und 1337 (Giottos Todesjahr) als spätesten Entstehungszeitpunkt.

Ungeachtet des Problems einer exakten Datierung gelten die Bilder in der Peruzzi-Kapelle jedenfalls als Spät- bzw. Reifewerk Giottos. Bedauerlicherweise wurden sie im Laufe des 18.Jahrhunderts übertüncht und Grabmäler sowie Epitaphien an der Wand angebracht. 1841 wurden die Bilder wieder entdeckt und dem Brauch der Zeit entsprechend restauriert, indem man fehlende Teile ergänzte und die verblichenen originalen den neuen anpaßte. In den Jahren 1958 bis 1961 wurden die Übermalungen des 19.Jahrhunderts schließlich entfernt, die Bilder gereinigt und das ursprüngliche Giotto-Werk weitgehendst wieder hergestellt. Im Zuge der Arbeiten wurde deutlich, dass die Bilder wohl schon vor dem 18.Jahrhundert einen sehr schlechten Erhaltungszustand aufgewiesen hatten, was vor allem auf die von Giotto in Santa Croce verwendete Technik zurückzuführen ist: Er hat den Zyklus nicht auf frischen Putz ("a buon fresco") gemalt, sondern das das trockene ("a secco") oder halbnasse ("a mezzo-fresco") Verfahren angewendet.[5]

Ikonographie und Komposition

An der Nordwand der Kapelle sind drei Bilder zur Lebensgeschichte von Johannes dem Täufer zu sehen und an der Südwand ebensoviele Szenen aus der Vita des Evangelisten Johannes.[6] Die Bilder sind jeweils übereinander angeordnet und nehmen die ganze Wandbreite ein, wobei die oberste Szene in eine Lünette integriert ist und jene darunter ein rechteckiges Format (280x450 cm) haben.

Die "*Himmelfahrt des Evangelisten Johannes*" ist im untersten Feld der rechten Wand dargestellt und stimmt inhaltlich überein mit der entsprechenden Erzählung in der "Legenda Aurea", einer Sammlung von Heiligenlegenden, die Jacobus de Voragine 1264 verfasste.[7]

Giotto hat das Geschehen in eine Architektur eingebettet, welche die Form einer Basilika hat und sich fast über die gesamte Breite des Bildfeldes erstreckt. Die Kirche ist so aufgeschnitten, dass einerseits der Betrachter Einblick erhält und andererseits für Johannes ein Ausgang nach oben geschaffen wird.

Das Zentrum der Episode bildet die Figur des Johannes, der aus seinem Grab diagonal durch die obere Öffnung der Architektur in den Himmel auffährt. Links und rechts von ihm ist jeweils eine Gruppe von Zuschauern dargestellt, durch deren Anordnung - sowie durch die Gestaltung der Architektur - die untere Bildzone dreigeteilt wird. Im schmalen oberen Bildbereich, der etwas weniger als ein Drittel der Bildhöhe einnimmt, ist Christus mit seinen Jüngern in einer Art "Figurenwolke"[8] zu sehen. Das von ihm ausgehende Strahlenbündel und die Johannesfigur verbinden die beiden horizontalen Zonen.

Die "göttlichen Strahlen", die den Evangelisten umhüllen, verdeutlichen außerdem das dargestellte Wunder. Sie erwecken den Anschein, dass Johannes von einer Art magnetischem Kraftfeld, das von Christus ausgeht, in die Höhe gezogen wird. Zu dieser Assoziation trägt der intensive, beinahe hypnotische Blickkontakt zwischen Christus und Johannes bei, der sich sich in den linearen Strahlen fortzusetzen scheint.

Die Reaktionen der Zeugen des Geschehens auf der rechten Seite lassen darauf schließen, dass auch sie diese Strahlen sehen. Eine Person in rotem Gewand ist - offenbar vor Schreck - zu Boden gestürzt und bedeckt ihr Gesicht mit den Händen, der blau gekleidete Mann daneben hält eine Hand über seine Augen als ob er geblendet würde. Die übrigen Personen, die zu dieser Zuschauergruppe gehören und sich innerhalb der Architektur befinden, wirken erstaunt oder gebannt. Nur die beiden weiß gekleideten Frauen, die ganz rechts, etwas außerhalb der Kirche bzw. in deren Eingangsportal stehen, machen einen eher unbeteiligten Eindruck. Es scheint, als ob sie nichts von dem Geschehen mitbekommen oder verstehen würden.

Die Figurengruppe links von Johannes nimmt das Auferstehungswunder offenbar nur indirekt wahr, nämlich durch die Konfrontation mit dem offenen, leeren Grab. Während sich zwei Personen darüberbeugen und erstaunt in die Tiefe starren, drücken die Mienen und Gesten der beiden hinter ihnen stehenden Figuren Verwunderung, Aufregung und Fassungslosigkeit aus.

Stilanalyse (unter besonderer Beachtung der Raumdarstellung)

Wie die Betrachtung der "*Himmelfahrt des Evangelisten Johannes*" zeigt, hat Giotto seine Protagonisten mit verschiedenen Haltungen, Gesten, Mienen und Blicken dargestellt und auf diese Weise ihre unterschiedlichen Gefühle veranschaulicht. Die Individualität der Figuren und die Art, wie sie zueinander in Beziehung gesetzt sind, machen die Komposition spannend und lebendig. Diese "Psychologisierung" und Individualisierung der Gestalten findet man bereits in Giottos Fresken in der Arena-Kapelle, die um ca. 1305 entstanden sind. Auch die Plastizität und das Volumen der Figuren sind schon in diesem früheren Werk vorhanden. Durch den unterschiedlichen Maßstab der Fresken - jene in Padua haben das Format 200x185 cm, jene in Santa Croce, wie schon erwähnt, 280x450 cm - wirken die Gestalten in den Bildern der Peruzzi-

Kapelle noch viel monumentaler. Sie sind etwa doppelt so groß wie jene in der Arena-Kapelle und damit beinahe lebensgroß.

Auch hinsichtlich der Raumdarstellung kann man in den Bildern der Peruzzi-Kapelle Unterschiede gegenüber den Arena-Fresken feststellen. Die Architekturen, die Giotto in Padua gemalt hat sind einfacher konstruiert und haben einen anderen Stellenwert in der Komposition als die Gebäude in der Ausmalung von Santa Croce. Die Unterschiede werden deutlich, wenn man die *"Himmelfahrt des Evangelisten Johannes"* zum Beispiel mit der *"Geburt Mariens"* aus der Arena-Kapelle vergleicht:

Bei der *"Geburt Mariens"* bildet ein schräg gestellter "Kastenraum", der durch ein Dach mit Giebeln, einen loggia-ähnlichen Anbau und die Innenmöblierung als Wohnhaus definiert ist, quasi die Bühne für das Geschehen. Der Betrachter kann das vollständige und frei im Bildraum stehende Gebäude, ähnlich einem Puppenhaus, gleichzeitig von innen und außen sehen. Im Verhältnis zu dem einfachen perspektivischen Gehäuse im "Letzten Abendmahl" aus demselben Bilderzyklus in Padua, ist die Architektur in der "Geburt Mariens" zwar reichhaltiger, aber zugleich noch so schlicht, dass die einzelnen geometrischen Elemente (Dreiecke, Rechtecke usw.), aus denen sie zusammengesetzt ist, mit einem Blick erfassbar sind.
Ebenso rasch kann der Betrachter das Wesentliche der dargestellten Handlung wahrnehmen. Dies ist möglich, da die Figuren innerhalb der Architektur einen relativ eingeschränkten Aktionsraum haben und teilweise ziemlich dicht aneinander gedrängt agieren. Zudem ist die Größe und Struktur des Gebäudes genau auf die Personen und ihre Anzahl abgestimmt. Durch dieses kompositorische Zusammenspiel von Figuren und Architektur wird eine sehr prägnante Darstellung der Geschichte erzielt. "Auf den Punkt gebracht" wird der Inhalt der Szene auch durch die Anordnung und die Bewegungen der Protagonisten, durch die sich eine dynamische Bewegung von links nach rechts ergibt - also in Richtung der Hauptpersonen, Anna und der neugeborenen Maria. Diese werden dadurch betont und springen dem Betrachter sofort ins Auge. Zusätzlich hervorgehoben und zusammengefasst wird die Figurengruppe um Anna und Maria durch den vorderen Dachgiebel, in dessen Mitte sich ein clipeus mit dem segnenden Christus befindet.

In der "*Himmelfahrt des Evangelisten Johannes*" ist die Handlung nicht mehr so kompakt und konzentriert dargestellt. Die Narration ist breiter angelegt und ein kurzer Blick ist zu wenig, um diese monumentale Szene in ihrer Gesamtheit zu erfassen; trotz der übersichtlichen Gestaltung muß man seine Augen über das Bild wandern lassen. Zu den Ursachen dafür zählen sowohl das größere und mehr in die Breite gehende Format des Bildfeldes als auch die komplexere, umfassendere Architekturdarstellung. Ihre Gliederung entspricht großen Symmetrieachsen, welche die dargestellte Szene horizontal und vertikal teilen. Anders als bei der "*Geburt Mariens*" (und den meisten der anderen Fresken in der Arena-Kapelle) befindet sich das Zentrum des Geschehens mit den Hauptakteuren nun nicht mehr auf einer Seite des Bildfeldes sondern in dessen Zentrum.

Auch das Verhältnis zwischen der Architektur und den Figuren ist in Santa Croce anders als in der Arena-Kapelle. In der "*Himmelfahrt des Evangelisten Johannes*" ist das Gebäude geräumiger, größer und weiter als jenes in der "*Geburt Mariens*", sodaß die Protagonisten mehr Raum zur Verfügung haben. Die Augenzeugen sind in zwei Gruppen geteilt (innerhalb derer die Einzelfiguren jedoch ihre Autonomie bewahren) und gliedern durch ihre symmetrische Anordnung - gemeinsam mit der Architektur - die Szene.

Es besteht also auch in diesem Bild ein kompositorischer Zusammenhang zwischen den Figuren und der Architektur, aber letztere ist nicht mehr ausschließlich als Bühne für die Akteure konzipiert. Während das Haus im Arena-Fresko eine eher untergeordnete Funktion innerhalb der Bildeinheit hat, weist die Basilika in der "*Himmelfahrt des Evangelisten Johannes*" neben ihrer gliedernden Rolle eine gewisse Selbständigkeit und damit einen höheren Stellenwert auf.

Bezüglich Giottos Raumdarstellung in der Peruzzi-Kapelle ist noch ein weiterer Aspekt beachtenswert: Die Ansicht der Architektur ist auf einen Blickpunkt außerhalb der Kapelle ausgelegt.[9] Aus diesem Grund wirkt das Kirchengebäude, wenn man es frontal betrachtet, etwas "verzogen" und sehr ausgedehnt. Vom Hauptschiff bzw. vom Eingang der Kapelle aus gesehen, erscheint die Konstruktion der Basilika dagegen logischer und entspricht dem "modernen" perspektivischen Empfinden besser. Teilweise entsteht sogar fast ein dreidimensionaler Eindruck.

Laut Robert Oertel[10] hat Giotto auch schon die Fresken in der Arena-Kapelle auf einen bestimmten Standpunkt des Betrachters abgestimmt, allerdings auf einen innerhalb des Kapellenraumes, nämlich in dessen Mitte. (In diesem Sinne ist der Blickpunkt bei allen Bildern, die rechts von der Mittelachse einer der beiden Längswände stehen leicht nach links verschoben und auf der linken Hälfte der Wand nach rechts.)

Fasst man die bisherigen Ausführungen zusammen, kommt man zu dem Ergebnis, dass Giotto die Gestaltungsprinzipien, die er bereits in der Arena-Kapelle angewandt hat, in der Peruzzi-Kapelle fortgeführt und weiterentwickelt hat. Die Prägnanz und Nüchternheit der Formen wurden in Santa Croce etwas zurückgenommen, die räumliche Weite und Monumentalität dagegen verstärkt. Zudem agieren die Figuren in den jüngeren Bildern mit einer größeren Freiheit.

Giottos Schüler und Nachfolger

Giottos Innovationen, besonders die Raum- und Figurengestaltung, wie sie in seinen Werken in Padua und Florenz zu sehen ist, wirkten auch im Oeuvre seiner Schüler weiter.

Einer der bekanntesten Schüler Giottos ist **Taddeo Gaddi**[11] (1300-1366), der gemäß Berichten von Cennino Cennini[12] 24 Jahre mit seinem Lehrer zusammen gearbeitet hat. Ihm werden unter anderem die Fresken in der Baroncelli-Kapelle zugeschrieben, die sich ebenfalls in Santa Croce befindet. In diesen Bildern, die um 1328[13] entstanden sind, hat Gaddi einige von Giottos formalen Prinzipien auf neuartige Weise umgesetzt, erweitert und vertieft. Ein Beispiel dafür ist das Fresko mit der Szenenfolge *"Verweisung Joachims aus dem Tempel"* und *"Verkündigung an Joachim"*: Mit Hilfe einer über Eck gestellten Tempelarchitektur und einer Felsenlandschaft hat Gaddi das Bogenfeld so gegliedert, dass er darin beide Ereignisse darstellen konnte. Zugleich hat er auf diese Weise eine tiefenräumliche Bühne geschaffen und damit den Handlungsraum der Figuren definiert.

Außer dem stärkeren Zug in die Tiefe sind in Gaddis Bild noch weitere Unterschiede zu den Kompositionen seines Lehrers augenfällig, besonders die kompliziertere Gebäudekonstruktion. Der Tempel in Gaddis Fresko weist mehr Verkürzungen und Überschneidungen auf als Giottos Architekturen; durch diese wirken die Pfeiler des Bauwerks extrem in die Länge gezogen und auch die Stützen im Inneren werden auf diese Weise vollständig sichtbar gemacht.

Den gleichen Tempel - von einem etwas veränderten Blickpunkt aus gesehen - verwendete Gaddi auch im "*Tempelgang Mariens*". In dieser Szene hat der Künstler das Gebäude mit Anbauten versehen und auf einen mehrteiligen, komplexen Unterbau mit Treppen gestellt.

Bemerkenswert ist in diesem Bild aber auch die Figurenverteilung: Die mehr oder weniger lose gruppierten Personen sind durch große räumliche Abstände voneinander getrennt. Die Menschen im Hintergrund zeichnen sich zudem durch eine starke perspektivische Verkleinerung aus. Im Vergleich zu den Akteuren in Giottos Werken bewegen sich jene im "*Tempelgang Mariens*" geschmeidiger und ihre Körper sind weniger massig, weniger schwer und nicht so gedrungen. Ihre Mienen und Gesten wirken teilweise etwas entrückt bzw. spirituell und weniger "aus dem Alltagsleben gegriffen", so zum Beispiel jene der beiden knieenden Frauen im rechten Eck des Bildfeldes. Außerdem sind die Figuren im Verhältnis zur Architektur um einiges kleiner als in Giottos Bildern.

Insgesamt wirken die genannten Fresken Gaddis (innerbildlich) weniger monumental und die Darstellungen weniger nüchtern und sachlich als jene in Giottos Bildern. Außerdem ist die Raumauffassung freier.

Gaddis Tempel wurde übrigens von anderen Künstlern fast "wörtlich zitiert". Eine der Wiederholungen befindet sich in der selben Kirche wie das Vorbild, nämlich in der Rinuccini-Kapelle, die um 1368 von einem unbekannten Meister ausgestaltet wurde.[14] Mehr als 80 Jahre nach seiner Schöpfung haben schließlich die Brüder Limburg den Tempel auf einem Blatt der "*Très riches heures*"[15], dem Stundenbuch des Herzogs von Berry verwendet.

Auch **Bernardo Daddi**[16] gehörte zu Giottos Schülern. Er war von 1313-1348 in Florenz tätig, unter anderem in der Cappella Pulci in Santa Croce. In seinem Wandgemälde "*Martyrium der heiligen Stephanus und Laurentius*", das er um 1330 dort schuf, läßt sich der Einfluß seines Lehrers bezüglich der räumlichen Gestaltung feststellen. Die fragmentarischen Bauwerke in den Bildern tragen zur Gliederung der Darstellung bei, haben aber trotz ihrer detaillierten Ausschmückung eine weniger eigenständige Aussagekraft als etwa die Basilika in der "*Himmelfahrt des Evangelisten Johannes*" in der Peruzzi-Kapelle. Daddis Architekturen scheinen vor allem im Dienst der Erzählung zu stehen, welcher offenbar auch die Figuren untergeordnet sind. Bei diesen handelt es sich um Gewandfiguren, die im Vergleich zu jenen Giottos relativ stark in die Länge gestreckt und weniger voluminös und schwer sind. Trotz ihrer Individualität werden die Personen in diesen Bildern stärker als Teil der Handlung bzw. der gesamten Szene und weniger als Einzelfiguren wahrgenommen. Ihre Gesten, die etwas steif und eckig wirken, scheinen vor allem das Ziel zu haben, die Narration zu veranschaulichen.

Weiters kann man im genannten Bild eine Vorliebe für realistische Details erkennen, zum Beispiel die Broschen an den Gewändern und die Frisuren der Figuren oder die Dekoration der Gebäude.

Giottos "Erbe" läßt sich noch in weiteren Fresken in Santa Croce feststellen, unter anderem in einem Zyklus mit Geschichten aus dem Leben des Hl. Sylvester, den **Maso di Banco**[17] um 1340 in der Bardi-Kapelle gemalt hat.

Auch in diesem Werk findet man architektonisch bestimmte Räume, zum Beispiel im "*Stierwunder*" oder in der "*Taufe Kaiser Konstantins*". Für beide Szenen hat der Künstler bühnenartigen Gebäude konstruiert, die das gesamte Bildfeld einnehmen. Die Architekturen gliedern die Kompositionen und dominieren sie zugleich. Ihr bildbeherrschender Eindruck entsteht vor allem durch ihre Größe und ihr Verhältnis zu den Figuren, aber auch durch ihre zahlreichen dekorativen Elemente. Es scheint, als hätten die Bauwerke einen größeren Stellenwert als die Erzählung und die Figuren.

Letztere sind zwar detailreicher gestaltet als jene in Giottos Werken, andererseits aber weniger monumental und - wie bereits erwähnt - von geringerer Größe im Verhältnis zu den Architekturen. Zudem ist ihre Bewegungsfreiheit innerhalb der Bauwerke ziemlich eingeschränkt und ihre Unterkörper sind häufig durch Gebäudeteile verdeckt. Obwohl die Menschengruppen sehr dicht gedrängt stehen und ihre Gesten eher ruhig und wenig lebhaft sind, zeigen so gut wie alle Figuren einen sehr individuellen psychologischen Ausdruck. Maso di Banco hat also offenbar auch der Charakterisierung der Einzelpersonen mehr Bedeutung beigemessen, als dem Gesamtgeschehen.

Auch im *"Drachenwunder des Hl. Sylvester"* wird die eigentliche Handlung nicht an erster Stelle wahrgenommen. Zunächst wird der Blick von der "Ruinenlandschaft"[18] und der von ihr ausgehenden Atmosphäre gefesselt. Indem der Künstler die Mauerreste nicht nur zur Bildgestaltung eingesetzt hat, sondern auch als Stimmungsträger, hat er der Architektur hier eine völlig neue Funktion zugewiesen.

Damit nicht der Eindruck entsteht, dass sich Giottos Einfluss nur auf Maler beschränkte, die in Santa Croce tätig waren, folgen nun abschließend noch zwei Beispiele für die Vorbildwirkung seiner Werke außerhalb von Florenz.

So findet man etwa auch in Kompositionen des Sienesen **Simone Martini**[19] (1284-1344) Elemente, die auf eine Auseinandersetzung mit Giottos Bildern deuten. Martinis Lehrmeister war zwar vermutlich Duccio[20], doch er hat dessen byzantinisch-sienesischen Stil offenbar mit den formalen Prinzipien des Florentiner Künstlers verbunden. Während etwa zarte Farben und ausdrucksstarke Linien in seinen Bildern auf die sienesische Maltradition verweisen, sprechen vor allem die Raumdarstellung und die Monumentalität für den Einfluss Giottos. Ein Beispiel dafür ist die Szene *"Der Hl. Martin wird zum Ritter geschlagen"* aus dem Freskenzyklus, den Simone Martini vor 1326[21] in der Martinskapelle in der Unterkirche von San Francesco in Assisi gemalt hat. Wie Giotto hat Martini das Geschehen in eine Architektur eingebettet; allerdings ist deren räumliche Konstruktion darauf ausgelegt, dass man sie zusammen mit dem Bauwerk der Szene daneben betrachtet.

Dieses Schema gilt für fast alle Bilder auf den Seitenwänden der Martinskapelle, die - bis auf die beiden obersten Fresken in der Lünette - paarweise angeordnet sind.

Eine Gemeinsamkeit mit Giottos Zyklen in der Arena- und Peruzzi-Kapelle besteht dagegen wiederum darin, dass auch die Bilder in der Martinskapelle insgesamt auf einen bestimmten Standpunkt des Betrachters (nämlich auf die Mitte der Kapelle) bezogen sind.

Auch in der 2. Hälfte des 14. Jahrhunderts entstanden Werke, in denen sich Giottos künstlerische Innovationen widerspiegeln. Hierzu gehört der monumentale Freskenzyklus im Oratorio di San Giorgio in Padua, den der aus Verona stammende **Altichiero da Zevio** zwischen 1377 und 1384 malte. Eine Szene aus diesem Werk, ist das "*Begräbnis der Heiligen Lucia*".

Die Bühne für das Geschehen bildet eine dreischiffige Basilika mit gotischen Formen. Die Konstruktion des Gebäudes erzeugt den Eindruck von großer Tiefenräumlichkeit ohne, dass extreme Verkürzungsschrägen zu sehen sind. Trotz der Komplexität und dem Detailreichtum der Architektur sind vertikale und horizontale Linien bestimmend und die Kirchenfront ist beinahe bildparallel.

Innerhalb und außerhalb der Basilika scharen sich Menschenmassen um die aufgebahrte Heilige. Die Figuren wirken schwer und voluminös und haben einfache Konturen - wie jene von Giotto, dessen Fresken in der Arena-Kapelle Altichiero vermutlich studiert hat. Andererseits sind die Einzelpersonen im "*Begräbnis der Heiligen Lucia*" detailreicher und mit individuelleren Physiognomien ausgestaltet. Zudem ist ihr Größenverhältnis zur Architektur wirklichkeitsnäher. Insgesamt ist die Szene sehr narrativ und wirkt lebensnah.

Die besprochenen Beispiele zeigen, wie unterschiedlich Giottos formale Prinzipien, vor allem seine Raumdarstellung, von seinen Schülern und anderen Künstlern umgesetzt wurde. Es wird aber auch deutlich, dass seine Innovationen eine entscheidende Grundlage für die Entwicklung der Malerei ab dem 14. Jahrhundert waren.

ANMERKUNGEN

1) Datierung vgl. Harenberg Malerlexikon, Dortmund 2001, S. 387.

2) E. BORSOOK, The history of the chapel, in: Andrew LADIS (Hrsg.), Giotto and the World of Italian Art, An Anthology of Literature, Band 3, New York/London 1998.

3) Martin GOSEBRUCH, Giotto und die Entwicklung des neuzeitlichen Kunstbewußtseins, Köln 1962, S. 143.

4) Viktor Michael SCHWARZ, Ephesos in der Peruzzi-, Kairo in der Bardi-Kapelle: Materialien zum Problem der Wirklichkeits-Aneignung bei Giotto, in: Römisches Jahrbuch der Bibliotheca Hertziana, Bd. 27/28.1991/1992 (1992), S. 23-57.

5) zur Geschichte und Technik der Fresken vgl. Umberto BALDINI, Giotto, in: Umberto BALDINI, Bruno NARDI (Hrsg.), Santa Croce: Kirche, Kapellen, Kloster, Museum, Stuttgart 1985, S. 77. - Francesca FLORES D'ARCAIS, Giotto, Mailand 1995, S. 254.

6) Die Bilder an der Nordwand umfassen die "*Verkündigung an Zacharias*", die "*Geburt und Namensgebung*" und das "*Festmahl des Herodes*". An der Südwand sind die Szenen "*Johannes der Evangelist auf der Insel Patmos*", "*Auferweckung der Drusiana*" und "*Himmelfahrt des Evangelisten Johannes*" dargestellt.

7) Jacobus de Voragine (um 1230-1298) war Dominikanermönch und ab 1292 Erzbischof von Genua. Er verfasste eine Sammlung der Lebensgeschichten von Heiligen, geordnet nach dem Kirchenjahr. Das Werk wurde als "Legenda Aurea" bekannt, in verschiedene Sprachen übersetzt und im Laufe der Zeit immer wieder durch neue Legenden erweitert.

8) Zit. Anne Mueller von der HAEGEN, Giotto, Köln 1998, S. 101.

9) Vgl. Francesca FLORES D'ARCAIS, Giotto, Mailand 1995, S. 255. - Anne
Mueller von der HAEGEN, Giotto, Köln 1998, S. 94.

10) Robert OERTEL, Die Frühzeit der italienischen Malerei, Stuttgart 1966, S.
88.

11) Harenberg Malerlexikon, Dortmund 2001, S. 358f. - Alessandro
PARRONCHI, Taddeo Gaddi, in: Umberto BALDINI, Bruno NARDI (Hrsg.),
Santa Croce: Kirche, Kapellen, Kloster, Museum, Stuttgart 1985, S. 127. -
Robert OERTEL, Die Frühzeit der italienischen Malerei, Stuttgart 1966, S.
117-121.

12) Cennino Cennini (1370-1440): Maler und Schriftsteller; verfasste
kunsttheoretische Traktate.

13) Robert OERTEL, Die Frühzeit der italienischen Malerei, Stuttgart 1966, S.
117.

14) vgl. Alessandro PARRONCHI, Taddeo Gaddi, in: Umberto BALDINI,
Bruno NARDI (Hrsg.), Santa Croce: Kirche, Kapellen, Kloster, Museum,
Stuttgart 1985, S. 127.

15) Das Stundenbuch "Les très riches heures du Duc de Berry" entstand
zwischen 1413 und 1416 und war mit 71 Miniaturen ausgestattet. (Vgl.
Harenberg Malerlexikon, Dortmund 2001, S. 612.)

16) Robert OERTEL, Die Frühzeit der italienischen Malerei, Stuttgart 1966, S.
121-122. - Harenberg Malerlexikon, Dortmund 2001, S.244-245.

17) Robert OERTEL, Die Frühzeit der italienischen Malerei, Stuttgart 1966, S.
122. -123. - Beatrice Paolozzi STROZZI, Masi di Banco, in: in: Umberto

BALDINI, Bruno NARDI (Hrsg.), Santa Croce: Kirche, Kapellen, Kloster, Museum, Stuttgart 1985, S. 111-122.

18) Zit. Robert OERTEL, Die Frühzeit der italienischen Malerei, Stuttgart 1966, S. 122.
19) Harenberg Malerlexikon, Dortmund 2001, S. 664f. - Robert OERTEL, Die Frühzeit der italienischen Malerei, Stuttgart 1966, S. 133-147. - Rolf TOMAN (Hrsg.), Die Kunst der Gotik, Köln 1998, S. 446.

20) Duccio die Buoninsegna (1255-1319).

21) lt. Oertel zwischen 1322-26, vgl. Robert OERTEL, Die Frühzeit der italienischen Malerei, Stuttgart 1966, S. 136.

BIBLIOGRAPHIE

Umberto BALDINI, Giotto, in: Umberto BALDINI, Bruno NARDI (Hrsg.), Santa Croce: Kirche, Kapellen, Kloster, Museum, Stuttgart 1985, S. 77-110.

Francesca FLORES D'ARCAIS, Giotto, Mailand 1995.

Martin GOSEBRUCH, Giotto und die Entwicklung des neuzeitlichen Kunstbewußtseins, Köln 1962.

Anne Mueller von der HAEGEN, Giotto, Köln 1998.

Theodor HETZER, Giotto: Grundlegung der neuzeitlichen Kunst, Stuttgart 1981.

Robert OERTEL, Die Frühzeit der italienischen Malerei, Stuttgart 1966.

L. SCHNEIDER, The Iconography of the Peruzzi Chapel, in: L'Arte XVIII-XX (1972), S 91.-104.

Viktor Michael SCHWARZ, Ephesos in der Peruzzi-, Kairo in der Bardi-Kapelle: Materialien zum Problem der Wirklichkeits-Aneignung bei Giotto, in: Römisches Jahrbuch der Bibliotheca Hertziana, Bd. 27/28.1991/1992 (1992), S. 23-57.

Rolf TOMAN (Hrsg.), Die Kunst der Gotik, Köln 1998, S. 440f.

Handbücher:

Harenberg Malerlexikon, Dortmund 2001, herausgegeben von Wieland SCHMIED, Tilmann BUDDENSIEG, Andreas FRANZKE und Walter GRASSKAMP